海上絲綢之路基本文獻叢書

海運新考（下）

〔明〕梁夢龍 撰

文物出版社

圖書在版編目（CIP）數據

海運新考．下 /（明）梁夢龍撰．-- 北京 ：文物出版社，2022.7
（海上絲綢之路基本文獻叢書）
ISBN 978-7-5010-7623-9

Ⅰ．①海… Ⅱ．①梁… Ⅲ．①海上運輸－交通運輸發展－中國－明代 Ⅳ．①F552.3

中國版本圖書館 CIP 數據核字（2022）第 086574 號

海上絲綢之路基本文獻叢書
海運新考（下）

撰　　者：〔明〕梁夢龍
策　　劃：盛世博閱（北京）文化有限責任公司

封面設計：鞏榮彪
責任編輯：劉永海
責任印製：王　芳

出版發行：文物出版社
社　　址：北京市東城區東直門内北小街 2 號樓
郵　　編：100007
網　　址：http://www.wenwu.com
經　　銷：新華書店
印　　刷：北京旺都印務有限公司
開　　本：787mm×1092mm　1/16
印　　張：9.875
版　　次：2022 年 7 月第 1 版
印　　次：2022 年 7 月第 1 次印刷
書　　號：ISBN 978-7-5010-7623-9
定　　價：90.00 圓

總緒

海上絲綢之路，一般意義上是指從秦漢至鴉片戰争前中國與世界進行政治、經濟、文化交流的海上通道，主要分爲經由黄海、東海的海路最終抵達日本列島及朝鮮半島的東海航綫和以徐聞、合浦、廣州、泉州爲起點通往東南亞及印度洋地區的南海航綫。

在中國古代文獻中，最早、最詳細記載『海上絲綢之路』航綫的是東漢班固的《漢書·地理志》，詳細記載了西漢黄門譯長率領應募者入海『齎黄金雜繒而往』之事，書中所出現的地理記載與東南亞地區相關，并與實際的地理狀况基本相符。

東漢後，中國進入魏晋南北朝長達三百多年的分裂割據時期，絲路上的交往也走向低谷。這一時期的絲路交往，以法顯的西行最爲著名。法顯作爲從陸路西行到印度，再由海路回國的第一人，根據親身經歷所寫的《佛國記》（又稱《法顯傳》）一書，詳細介紹了古代中亞和印度、巴基斯坦、斯里蘭卡等地的歷史及風土人情，是瞭解和研究海陸絲綢之路的珍貴歷史資料。

隨着隋唐的統一，中國經濟重心的南移，中國與西方交通以海路爲主，海上絲綢之路進入大發展時期。廣州成爲唐朝最大的海外貿易中心，朝廷設立市舶司，專門管理海外貿易。唐代著名的地理學家賈耽（七三〇～八〇五年）的《皇華四達記》記載了從廣州通往阿拉伯地區的海上交通『廣州通夷道』，詳述了從廣州港出發，經越南、馬來半島、蘇門答臘半島至印度、錫蘭，直至波斯灣沿岸各國的航綫及沿途地區的方位、名稱、島礁、山川、民俗等。譯經大師義净西行求法，將沿途見聞寫成著作《大唐西域求法高僧傳》，詳細記載了海上絲綢之路的發展變化，是我們瞭解絲綢之路不可多得的第一手資料。

宋代的造船技術和航海技術顯著提高，指南針廣泛應用於航海，中國商船的遠航能力大大提升。北宋徐兢的《宣和奉使高麗圖經》詳細記述了船舶製造、海洋地理和往來航綫，是研究宋代海外交通史、中朝友好關係史、中朝經濟文化交流史的重要文獻。南宋趙汝適《諸蕃志》記載，南海有五十三個國家和地區與南宋通商貿易，形成了通往日本、高麗、東南亞、印度、波斯、阿拉伯等地的『海上絲綢之路』。宋代爲了加强商貿往來，於北宋神宗元豐三年（一〇八〇年）頒佈了中國歷史上第一部海洋貿易管理條例《廣州市舶條法》，并稱爲宋代貿易管理的制度範本。

元朝在經濟上採用重商主義政策，鼓勵海外貿易，中國與歐洲的聯繫與交往非常頻繁，其中馬可·波羅、伊本·白圖泰等歐洲旅行家來到中國，留下了大量的旅行記，記録元代海上絲綢之路的盛況。元代的汪大淵兩次出海，撰寫出《島夷志略》一書，記録了二百多個國名和地名，其中不少首次見於中國著録，涉及的地理範圍東至菲律賓群島，西至非洲。這些都反映了元朝時中西經濟文化交流的豐富内容。

明、清政府先後多次實施海禁政策，海上絲綢之路的貿易逐漸衰落。但是從明永樂三年至明宣德八年的二十八年裏，鄭和率船隊七下西洋，先後到達的國家多達三十多個，在進行經貿交流的同時，也極大地促進了中外文化的交流，這些都詳見於《西洋蕃國志》《星槎勝覽》《瀛涯勝覽》等典籍中。

關於海上絲綢之路的文獻記述，除上述官員、學者、求法或傳教高僧以及旅行者的著作外，自《漢書》之後，歷代正史大都列有《地理志》《四夷傳》《西域傳》《外國傳》《蠻夷傳》《屬國傳》等篇章，加上唐宋以來衆多的典制類文獻、地方史志文獻，集中反映了歷代王朝對於周邊部族、政權以及西方世界的認識，都是關於海上絲綢之路的原始史料性文獻。

海上絲綢之路概念的形成，經歷了一個演變的過程。十九世紀七十年代德國地理學家費迪南・馮・李希霍芬（Ferdinad Von Richthofen，一八三三～一九〇五），在其《中國：親身旅行和研究成果》第三卷中首次把輸出中國絲綢的東西陸路稱爲『絲綢之路』。有『歐洲漢學泰斗』之稱的法國漢學家沙畹（Édouard Chavannes，一八六五～一九一八），在其一九〇三年著作的《西突厥史料》中提出『絲路有海陸兩道』，蘊涵了海上絲綢之路最初提法。迄今發現最早正式提出『海上絲綢之路』一詞的是日本考古學家三杉隆敏，他在一九六七年出版《中國瓷器之旅：探索海上的絲綢之路》中首次使用『海上絲綢之路』一詞；一九七九年三杉隆敏又出版了《海上絲綢之路》一書，其立意和出發點局限在東西方之間的陶瓷貿易與交流史。

二十世紀八十年代以來，在海外交通史研究中，『海上絲綢之路』一詞逐漸成爲中外學術界廣泛接受的概念。根據姚楠等人研究，饒宗頤先生是華人中最早提出『海上絲綢之路』的人，他的《海道之絲路與昆侖舶》正式提出『海上絲路』的稱謂。選堂先生評價海上絲綢之路是外交、貿易和文化交流作用的通道。此後，大陸學者馮蔚然在一九七八年編寫的《航運史話》中，使用『海上絲綢之路』一詞，這是迄今學界查到的中國大陸最早使用『海上絲綢之路』的人，更多地限於航海活動領域的考察。一九八〇年北京大學陳炎教授提出『海上絲綢之路』研究，并於一九八一年發表《略論海上絲綢之路》一文。他對海上絲綢之路的理解超越以往，且帶有濃厚的愛國主義思想。陳炎教授之後，從事研究海上絲綢之路的學者越來越多，尤其沿海港口城市向聯合國申請海上絲綢之路非物質文化遺産活動，將海上絲綢之路研究推向新高潮。另外，國家把建設『絲綢之路經濟帶』和『二十一世紀海上絲綢之路』作爲對外發展方針，將這一學術課題提升爲國家願景的高度，使海上絲綢之路形成超越學術進入政經層面的熱潮。

與海上絲綢之路學的萬千氣象相對應，海上絲綢之路文獻的整理工作仍顯滯後，遠遠跟不上突飛猛進的研究進展。二〇一八年厦門大學、中山大學等單位聯合發起『海上絲綢之路文獻集成』專案，尚在醖釀當中。我們不揣淺陋，深入調查，廣泛搜集，將有關海上絲綢之路的原始史料文獻和研究文獻，分爲風俗物産、雜史筆記、海防海事、典章檔案等六個類别，彙編成《海上絲綢之路歷史文化叢書》，於二〇二〇年影印出版。此輯面市以來，深受各大圖書館及相關研究者好評。爲讓更多的讀者親近古籍文獻，我們遴選出前編中的菁華，彙編成《海上絲綢之路基本文獻叢書》，以單行本影印出版，以饗讀者，以期爲讀者展現出一幅幅中外經濟文化交流的精美畫卷，爲海上絲綢之路的研究提供歷史借鑒，爲『二十一世紀海上絲綢之路』倡議構想的實踐做好歷史的詮釋和注脚，從而達到『以史爲鑒』『古爲今用』的目的。

凡例

一、本編注重史料的珍稀性，從《海上絲綢之路歷史文化叢書》中遴選出菁華，擬出版百册單行本。

二、本編所選之文獻，其編纂的年代下限至一九四九年。

三、本編排序無嚴格定式，所選之文獻篇幅以二百餘頁爲宜，以便讀者閲讀使用。

四、本編所選文獻，每種前皆注明版本、著者。

五、本編文獻皆爲影印，原始文本掃描之後經過修復處理，仍存原式，少數文獻由於原始底本欠佳，略有模糊之處，不影響閱讀使用。

六、本編原始底本非一時一地之出版物，原書裝幀、開本多有不同，本書彙編之後，統一爲十六開右翻本。

目録

海運新考（下）

海運新考（下）

卷下

〔明〕梁夢龍　撰

明萬曆六年真定知府錢普刊本

海運新考卷之下

經理海防

欽差巡撫山東等處地方兼督理營田都察院右僉都御史梁夢龍　題爲經理海防事據山東布政司呈蒙臣批據巡察等道呈稱准布政司照會抄蒙撫按會案行道查照案開各款應行者作速施行應議者作速查議內一款海道既行海防益當慎重一二喫緊事宜本院查訪畧有端緒竊恐一隅之見未爲僉同之謀該司道均切體　國各抱

遠猷詳加查訪議擬明白要見某事作何整備某事作何嚴禁某事作何互察某事作何量復預先呈報兩院以憑參酌題

請永裨海防等因准此除提調海道設立標記預備船工等款行即墨營把總朱衣臣受爵委官帶銜衛鎮撫魯礦文登營把總黃汝忠王通委官百戶孟得賢登州營把總趙康侯王科委官指揮王世祿同知程道東通判李應斗各照委施行不日事完造冊另報所有海防四事各道查議明白擬合

呈詳等因蒙批仰布政司會同按都二司覆議通
詳繳蒙此又蒙本院批據整飭武定兵備等道呈
稱准布政司照會抄蒙撫按會案前事准此除行
指揮陶翔鎮撫宋應期千戶陳鎧程有本趙一鳴
同知牛若愚掌濱州事同知萬鵬程各照委施行
所有海防四事各道查議明白擬合呈詳等因蒙
批仰布政司會同按都二司覆議通詳繳蒙此案
照先抄蒙撫按會案前事通行各道去後今蒙前
因該本司左布政使施篤臣左參政龍光會同按

察司掌印副使李汶提學副使周鑑山東都司署
都指揮僉事李希周覆議得傍海通運足 國利
民不徒目前有濟乃千萬年可久之圖不止山東
可行寔南北直隸往來利涉之道海防久弛及今
通運亟應經理所有整備嚴禁互察量復四事各
道查議明白各司會議畫一擬合通詳乞加裁酌
會 題施行庶成規既立諸務可舉海運永賴等
因到臣據此案照隆慶五年十月初四日准戶部
咨爲勘報海道事該臣等具 題本部會議恭候

命下移咨漕運總兵都御史即將近便地方漕糧量撥十二萬石以上作速運赴淮安如各處赴瓜儀兑運事體曬揚乾潔務在四月以前趂東南風柔始便利涉分撥雇覔堪用堅固海船裝載前項漕糧其多寡悉照山東二次委官運過則例一面選委督運把總及千百戶等官管轄旗軍無同慣熟水手駕運其領運把總指揮等官若一年無欠者漕司即從優賞獎薦二年無欠者仍聽特薦破格超陞各項差撥防範事宜開載未盡者俱聽漕司

與山東撫按等官臨時悉心計處應徑行者徑自
舉行應奏
聞者具奏
定奪等因題奉
欽依備咨到臣已經會案備行布政司通行各道遵
行又該臣等將提調海道設立標記預備船工并
海防事宜會案開欵通行司道一面施行一面查
議續據各道議呈前來批行該司會同按都二司
覆議通詳去後今據前因臣會同巡按山東監察

御史吳從憲議照

國家定鼎極北轉運之路淮安寔爲中樞河流其左海環其右天造地設以河道爲左翼莫根本之圖以海道爲右翼壯輔車之勢變通相濟其利無疆旋繞歸向之形磐石之業也海道元人起處遂自蘇松不得不由島嶼之外以泛大洋風波爲大一萬三千之程聲聞難通經畧繁難時或可廢今起淮上爲近由島嶼之內傍岸以行風波有數三千三百之程聲聞易接理應可久且在淮南江漢

三百一十九　安

湖港利賴不一又淤淺之患小在淮北止賴一河
又漲塞決徙之患大故今轉運不苦于淮南獨苦
于淮北淮北有兩翼然後金臺可恃以無恐邇因
河患異常伏蒙
聖明獨斷廟堂畫策傍海通運誠
社稷無疆之利臣等待罪地方應行事宜蚤夜舉行
唐頭寨迤東海道巡察副使郭文和分守叅將徐
衍祚絲網口迤西海道兵備僉事魏敬分守副使
宋守約各協心料理分巡叅政潘允端竭力周旋

左布政使施篤臣多方調度近准漕運總督王宗
沐咨稱米船俱有次第爲照海運事務粗備所據
海防一節貴在預飭既經司道通詳前來臣等會
同裁酌列爲四事相應具 題伏乞
勅下户工二部從長覆議上
請定奪施行此外尚有一二官聯事宜應俟十二萬
石既過之後酌議具 題未敢併及致礙覆議
計開 一曰整備查得山東沿海地方自青州衞
唐頭寨起迤東歷成山衞轉折而南至安東衞與

南直隸接界中間有備倭都司三營十衛五守禦所十七備禦所原設城池據險當要聯絡不絕但今坍塌數多如靈山等衛夏河等所坍塌幾盡門樓鋪舍形迹全無及時修葺以壯門戶而杜窺伺乃海防第一急務除登州等衛王徐等所該道設法葺補外其應修理城池坍塌數多者大嵩成山二衛海陽大山雄崖膠州四所估銀共八千二百六十兩坍塌幾盡者靈山鰲山威海靖海四衛夏河奇山寧津三所估銀共一萬一千五十兩通該

銀一萬九千三百一十兩以上係巡察海道守巡海右道地方自濟南府利津縣絲網口起迤西歷霑化縣至海豐縣與北直隸接界中間有三巡檢司公署傾殘盡成瓦礫均應修理豐國鎮巡檢司估銀一百二十兩乂山鎮巡檢司估銀一百二十兩大沽河巡檢司估銀一百五十兩通該銀三百九十兩以上係武定兵備道守巡濟南道地方二項通該銀一萬九千七百兩欲仍責成軍衛有司卷查接年行文回稱軍赴班操庫無毫銀地土荒

蕪加派難支竟然廢閣查得臣等應解贓罰每年
二限每限巡撫二千兩巡按四千兩合無俯容將
隆慶五年冬限六年夏冬二限各應解贓罰共一
萬八千兩留貯布政司分發各道修理支用事完
會同委官將修過工程用過銀兩查明造冊
奏繳如有誤事及或冒破從重參究伏乞
聖裁
二曰嚴禁查得元人海運起自蘇松由島嶼之外
遠泛大洋浩蕩無際姦人乘便通番禁緝爲難又

許南番
貢獻倣效而行尤非事體今糧運自淮安下海直
抵天津三千三百餘里皆在島嶼之内傍岸以行
勢若漕渠必先禁例嚴明然後有利無害乃海防
要務合無比行遼東撫按衙門嚴禁各該海口非
奉題
准如嘉靖三十七等年事例商民不許私自下海南
行總督漕運巡按衙門嚴諭商民自今行海俱由
島嶼之内其南番

貢獻不許倣效而行中行臣等山東撫按衙門嚴
諭商民并各島寄莊遼人自今行海俱由島嶼之
内一則藉其往來熟習潢道但有擅造雙桅大船
遠泛大洋私賣違禁貨物者巡海官兵捕送官司
照依律例問罪船貨一半入官一半給有功之人
充賞或有異樣船隻合艘遠來欲行内泊事有可
疑者不拘是盜是夷一面詰捕一面飛報撫按相
機施行事情重者奏
聞定奪伏乞

聖裁

三曰互察查得海禁久弛私泛極多遼東山東淮揚徽蘇浙閩之人做賣魚蝦醃猪及米豆果品磁器竹木紙張布疋等項往來不絕垂二十年大勢傍海而行間有遠泛大洋緣僻在一隅官兵並不譏呵海運既通豈容私泛查得腹裏人民出境關驗引合無行漕運北直隸山東撫按衙門刊刻木榜明示商民南來者赴淮安該道給引至天津該道挂號回淮安日銷引北來者赴天津該道給

引至淮安該道挂號回天津日銷引山東商民或
南泛或北泛俱赴登州巡察道給引至淮安天津
道各挂號回登州銷引如無文引即係私泛如日
久不銷文引即係遠泛大洋挨查明白各照依律
例問罪伏乞
聖裁
四曰量復查得利津縣豐國鎮霑化縣久山鎮海
豐縣大沽河海口各設巡檢一員原編弓兵多者
百名少者七八十名常川駐守地方有賴近年屢

經裁革止存一二十名巡檢反畏盜賊遠徙縣城地方漸以多事海運既行三巡檢各有沿海信地前項弓兵相應量復合無各量添三十名運船往來之日就令設立標記指引護送誠爲兩便伏乞
聖裁

海防覆議

雲南司案呈奉本部送戶科抄出山東巡撫梁夢龍題前事奉
聖旨戶工二部看了來說欽此又該山東巡按御史

吳從憲題同前事奉
聖旨該部知道欽此欽遵通抄到部送司案呈到部
臣等會同工部左侍郎趙錦等看得山東巡撫都
御史梁夢龍巡按御史吳從憲會題整備嚴禁等
四事開立前件議擬上
請定奪
計開　一曰整備前件臣等看得山東撫按官梁
夢龍等　題稱沿海地方盤山等衛所原設城池
坍塌殆盡卽今差官修理估計工料銀一萬九千

七百兩乞要扣留撫按贓罰銀兩支用一節爲照沿海城池本爲地方保障况今海運復行廢弛已久委宜逐年漸次修理務裨實用但贓罰銀兩原係解部濟邊緊急支用之數每計一歲出入不敷尚多勢難別項留用查得山東撫按先試海運曽貯天津米麥三千二百餘石已經題准變價聽修海防所有具題前因相應酌議恭候

命下行移山東撫按衙門督行各該海道守巡兵備等官查將城池公署并前項工價再行覆實先將原

議米麥變價銀兩分給修理不敷之數量以泰山
香錢湊補及撫按贓罰除解濟邊正數外餘剩數
内動支併在庫不係解邊無礙銀兩相兼搭用仍
嚴行各道不時巡察務加撙節毋致委官匠作人
等冒破侵費其修造過城垣即以原委員役刻記
姓名於各城石上以備日後查考如有倒塌不堅
即責令原委員役包陪其各衛所見缺軍伍務要
逐一清查實在額數以備防守事完將修過工程
支過銀兩及查過軍伍造冊奏繳青冊送戶工二

部查考伏乞
聖裁
二曰嚴禁前件臣等看得山東撫按官梁夢龍等
題稱沿海大洋奸人多有通番等弊今欲海運糧
石乞要嚴禁商民不許私自下海遠泛大洋販賣
違禁貨物如違詰捕究治一節爲照海洋一帶原
有夷人通貢土人乘便通番今議海運俱由島嶼
之内則一切大洋遠泛俱屬私自往來萬一接引
爲奸關係匪細委應嚴加禁緝既經撫按官會題

前來相應依擬恭候
命下移咨遼東巡撫及咨都察院轉行遼東巡按御
史嚴行瀕海地方官員查將各該海口嚴禁商民
人等不許私自下海如違拏究本部仍行移山東
鳳陽各撫按官作速備行各該司道一體嚴禁商
民及各島寄莊遼人各要循行島嶼之內不許做
做南番貢獻徑走大洋但有雙桅大船大洋遠泛
私賣違禁貨物者許巡海官兵捕送所在官司查
照律例問罪船貨一半入官一半充賞以後凡遇

異樣船隻合艘遠來灣泊糧船幫內不拘是否盜賊夷人速行擒捕送官飛報撫按衙門相機施行如事體重大奏

請定奪仍各嚴禁各巡海官兵不許分外生事如違一體重治伏乞

聖裁

三曰互察前件臣等看得山東撫按官梁夢龍等題稱近年海禁久弛各省人役極多販賣貨物乞要行令各該撫按衙門責令往廻給引查銷一節

爲照沿海商民販賣貨物委係相沿舊習但今海運既通而傍海潢道率多藉其指引又難輕議盡革今欲各給文引往迴掛號查銷則巡察者有所憑驗私泛者實自難容委於海運有裨既經會題前來相應依擬恭候

命下行移漕運北直隸山東撫按衙門刋刻榜文曉諭各該商民自南入海者赴淮安管漕叅政處給引至天津道掛號責令回淮銷繳自北入海者赴天津兵備處給引至淮安叅政掛號責令回天津

銷繳如山東商民不拘南行北行俱赴登州巡察
道給引各照南北地方一體掛號回銷如無文引
日久不銷者即係遠泛大洋查明照例問擬伏乞
聖裁
四曰量復前件臣等看得山東撫按官梁夢龍等
題稱沿海利津等縣原額設有巡檢司弓兵近年
裁革數多地方日漸多事乞要各查信地量復名
數候運船往來之日立標指引護送一節為照海
運糧船傍海循行其立標指引隨後護送委不容

缺今議於各巡檢司原設弓兵額數量爲查復似
亦相宜但須計地方民力堪勝酌派弓兵工食庶
免煩擾即經會題前來相應依擬恭候
命下行移山東撫按衙門查將利津霑化海豐等縣
原設沿海三巡檢司各將見在弓兵酌量加添責
令常在地方巡邏如遇海運糧船經過之日就令
設立標記預爲指引各隨幫後護送前進防備不
虞其該司官吏若有賣放弓兵致悞事機及假以
盤詰爲名容縱擾害者撫按官指名叅究伏乞

聖裁奉
聖旨依擬行
　議復成法
欽差總督漕運兼提督軍務巡撫鳳陽等處地方都
察院右副都御史臣王宗沐　題爲河變迭出漕
運日艱懇乞
聖明議復
祖宗成法廣餉道以備不虞以紓旰憂事據管理漕
務右參政潘允端徐州兵備副使馮敏功海防兵

備副使陳燿文會呈奉臣劄付前事督同淮安揚州二府知府陳文燭徐尚查得遮洋總先年原領南直隸淮大等六衛北直隸德州等九衛官軍俱兌運山東河南糧米三十萬石內六萬石於天津倉二十四萬石於薊州倉各上納其船雖稱遮洋止涉海三十餘里即抵薊倉程途不遠今議海運以南糧自淮安出海達天津計程三千三百餘里非曩昔遮洋之比止宜特設海運一總至於糧米非就近撥派則起運不便船隻泝海遠涉利在乘

風非堅整巨艦不可以赴洪濤非高大篷桅不能以任風力而駕船之人非沿海衛所習見海波者不能駕使所據應運漕糧合無將附近淮安揚州二府共該糧二十萬一千一百五十石每年盡数坐派以正耗六百石零用船一隻共船四百二十六隻外裝把總運官船十隻細估合用打造木植等項工料每隻計該銀三百七兩零及查原爲遮洋總下淮大等六衛官軍爲数原少又有事故鈌補不足領運應將額兊淮揚二府糧米江北揚州

總下通州塩城二所浙東總下寧波台州温州三衛浙西總下紹興衛下江總下大倉鎮海二衛各濱海地方官軍撥湊定擬仍照遮洋舊規每船用軍十二名然各軍固是生長海濱但淮安迤北直抵天津一帶原非素所經涉止令各衛所每船派撥旗軍九名仍將原船餘下軍人行糧月糧銀兩盡数扣解每年於淮安山東地方雇水手一千三百八名每船分配三名攔頭執柁以足十二名之額其海運把總細訪江北衛所並無堪充官員似

應就於原委試運山東各衛所官員內推舉庶委用得人等因到臣據此案照先准戶部咨前事該戶科都給事中宋良佐題稱乞將遮洋議復以圖海運仍要廣集衆思裁定歸一之說該本部覆議遮洋一總議革未久所當亟為查復無宜訪求海運故道以備緩急近據天津管倉員外郎胡釆揭報山東撫按差委靈山等衛指揮王惟精等五員各駕海鵰船一隻每隻裝米四百石水手八名工價一百兩自淮安開船沿海灣泊計四十日至天

三百三十四个　仲

津告驗交卸回還等因觀此則淮安海道似有可
通但未經有山東撫按具題凡所經由道路及防
護官軍必須查勘停妥又遮洋一總其名雖存然
先時止渡天津海口不過八九十里自嘉靖年間
又於內開一小河以抵薊鎮今欲一旦涉海運餉
須另造船隻撑駕水手併坐派其處漕糧通應漕
可拘集各總悉心計議具題前來方可通行會議
恭候
命下一面備行漕運總兵巡撫等官先將遮洋一總

照舊議復原額其海運船隻水手及坐派糧米等項作速計料又海道係山東地方一面移文彼處撫按細加查勘經由道路果否通行防護事宜有無素備速行議處明悉具
奏以憑會議上請
宸斷等因又准本部咨爲勘報海道事該山東巡撫都御史梁夢龍巡按御史張士佩各 題稱勘試海道先差指揮王惟精等運米二千石自淮安入海至天津交卸後差鎮撫宋應期等運小麥一千

二百石自膠州入海至天津上納中間程途不遠
運行便利乞要循行傍海潢道以備海運該本部
覆議恭候
命下移咨漕運總兵都御史即將近便地方漕糧量
撥十二萬石以上作速運赴淮安如各處赴瓜儀
兑運事體曬揚乾潔務在四月以前趁東南風柔
始便利淮工部即動支節慎庫銀一萬五千兩差
官解送漕司轉委各兵備等官分投雇覓堪用堅
固海船裝載前項漕糧其多寡悉照山東二次委

官運過則例不得過多以致遇風難于轉柁此書冊所載海人要緊之語一面選委督運把總及千百户等官管轄旗軍兼同慣熟水手駕運其雇覓水手銀兩暫于淮揚内動支一萬五千兩如商稅銀兩不勾前數即將淮揚等府所貯撫按贓罰湊補後不爲例其領運把總指揮等官若一年無欠者漕司即從優賞奬薦二年無欠者仍聽特薦破格超陞各項差撥防範事宜開載未盡者俱聽漕司與山東撫按等官臨時悉心計處可徑行者徑

自舉行應奏
聞者具奏
定奪等因節經題奉
欽依備咨准此又准山東巡撫都御史梁夢龍咨稱
查自淮安起至天津止共計三千三百餘里内或
口岸或島嶼可以灣泊去處或礁石或淺灘應該
廻避去處俱該立標記及精選慣熟水平四百名
分發糧船指引海道分委官員海防等項事宜開
款咨行前來該臣一面酌量派撥近便地方隆慶

六年應運漕糧淮安鳳陽二府每府六萬石共一十二萬石雇募海船選委指揮千百戶等官管轄旗軍兼同慣熟水手由海運納俱已齊集候夏初遣行及一面督行各運糧把總赴淮計議緣各官交糧回遲恐致悞事隨行管理漕務叅政及徐海二兵備道公同淮揚二府掌印官逐一悉心酌議去後今據前因該臣會同提督漕運鎮守淮安地方總兵官保定侯梁繼璠巡按直隸監察御史張憲翔議照 國計之有漕運猶人身之有血脈血

脉通則人身康漕運通則　國計足此固古人立
國不易之軌也我
朝河運幾百六十年法度修明通行無壅夫何近
年以來事久弊生千瘡百孔又以黄河泛濫漂流
數多而深憂遠見之臣始有扼喉不達之虞矣以
故都給事中宋良佐職長該科目擊時弊有此論
列欲復遮洋一總以通海運計遮洋止是一程稍
掠海面本非放洋遠涉然揆本官之意不過欲聚
已散之船復建一總以行海道爲

國家備長遠不窮之法爾查得遮洋總原糧三十
萬石至嘉靖四十五年因給事中胡應嘉建議停
革將軍船分派各總之下今既經宋良佐特見深
憂欲設此總誠於漕政　國計大有裨益且經各
道府會議僉同相應通行擬議開立條款通請
聖裁且發帑雇募今歲既已試行則派糧造舟明歲
自當定運河海並輸　國計更裕自此
聖明足食之慮稍可少紓矣夫自平江伯開濬會通
河以來海運之不講已久其後科道之條陳鄉會

之策試名臣之著書欲舉行者不一而足然卒莫之能用也近臣備員山東嘗條斯議而適巡撫都御史梁夢龍經濟抱才忠誠體國毅然以米試行底績無壅事獲上
聞恭遇
陛下聖明英斷輔臣恢張
廟謨遂出帑銀委督漕司募載而今四方始知海道之可通行矣然議立於刱見之時則群情未信而法復於久廢之後則不免更張故今縉紳之慮

不過云海上風波在海三尺童子知之矣然其事
有可言者古語云天不滿西北地不滿東南故東
南之海天下之水之委也渺茫無山則迴避靡地
近南水煖則蛟龍窟居是以風波足畏傳聞可駭
昔元人海運之有驚壞以其起自太倉嘉定而北
也若自淮安而東引登萊以泊天津則原名北海
中多島嶼可以避風又其地高而多石蛟龍有徃
來而無窟宅故登州有海市以石氣與水氣相搏
映日而成石氣能達於水面以石去水近故也北

海之淺是其明驗即以舟與米行於登萊因其曠達以取其速而標記島嶼以避其患則名雖同於元人而利實專其便易佐河運之缺計無便於此者然此猶舉時宜之緒論而非臣條議之初圖若語其全則有稍進於是者而其說有三一曰天下大勢二曰都燕形勢三曰目前急務漢不遠引請以唐宋之事明之唐人都秦右據岷涼而左通陝渭是有險可依而無水通利也有險則天寶興元乘其便無水則會昌大中受其貧宋人都梁背負

大河而西擁淮汴是有水通利而無險可依也有水則景德元祐享其全而無險則重和宣和受其病若　國家都燕北有居庸巫閭以為城而南通大海以為池金湯之固天造地設以拱衛　神京聖子神孫萬年之全利也而乃使塞不通焉豈非太平之遺慮乎此臣所謂天下大勢也夫三門之險天下之所謂峻絕也然唐人裴耀卿劉晏輩百計為之經營者以彼都在關中故也粟不能飛則從有必由是三門者秦都之專路也若夫都燕則西

受河與海矣一河自安山涉汶濟即今之會通河一河自淮入汴入衛而俱會于天津然終元之世未嘗專事河而專于海者彼以夷陋紛擾終歲用兵固無暇于事河也彼又以爲河亦間有不如海者入閘則兩舟難並是不可速也魚貫逆遡一舟壞則連觸數十舟同時俱糜若火則又甚焉是不可避也一夫大呼則萬艣皆停此腰脊咽喉之譬先臣丘濬載在衍義補者是不可散也若我

朝太平重熙累洽主於河而協以海自可萬萬無

慮故都燕之受海猶憑左臂從腋下取物也元人用之百餘年矣梁秦之所不得望也此臣所謂都燕專其勢也黃河西來禹之故道雖不可考然不過自三門而東出天津入海是腹雖稍南而首尾則東西相衡也至宋時直徹大名則已稍南矣我朝弘治二年決張秋奪汶入海是其首猶北向也乃今則直南入淮而去歲之決閻家口支出小河近符離靈壁則又幾正南矣自西北而直東南途益遠而合諸水益多則其勢大而決未可量也故

以漢武之雄才尚自臨決塞王安石之精博且開局講求河之爲立國病詎直今日然哉且如去年之漂流大臣之與國同休及小臣之有志於世者聞之有不變色者乎夫既不能不變色於河之梗而又不能無難色於海之通則計將安出故富人之造宅則旁啓門焉防中堂有客而肴核自旁入也此臣所謂目前急務也臣誠愚淺如該科條議慮之應熟豈其肯誤

聖明風波係天數臣亦何能逆覩其必無然臣以爲

趨避占候使其不爽當不足以妨大計故敢緣科
臣建議而詳布其愚所有　請銀造舟張官改額
皆係更革統乞
聖明采擇敕下該部查議施行俟其行之稍久官軍
狎習不妨漸加至數十萬使黄河無梗或欲即以
此舟河運亦不虚費惟意所欲復久廢而足儲蓄
誠於　國計至急且切不當復憚惜更費以失久
遠之利臣不勝戰慄待罪之至
計開　一定運米查得隆慶六年分奉例量撥海

運漕糧一十二萬石原因試行爲數頗少不成一
總規制今且造船實運自應定擬額糧以便徵兑
合無每年俱以近便淮安揚州二府歲運兑改正
糧二十萬一千一百五十石爲額盡派海運以復
遮洋一總之數除隆慶七年已有截留缺船糧米
二十二萬六千五百八十石七斗六升聽備支運
外其自隆慶八年以後俱行淮揚二府各將額糧
先期徵收完足漕司於正月終旬調集各該官軍
赴淮幷募攔頭柁工水手領駕海船坐定近便水

次如揚州府屬儀眞通泰如皇海門泰興江都七州縣糧米運於府城河下高郵興化二州縣糧米運於本州河下淮安府屬山陽清河桃源邳睢宿沭塩城寶應九州縣糧米運於淮安城外河下安東海州贛榆三州縣係海船必經之地糧米就於本州縣河下各取便交兑以上漕糧俱責成各該管糧官押同糧里就以隨糧原徵水脚銀兩僱船裝運定限二月終旬齊到前定地方戶部管倉主事督與官軍對船交兑開幫以免入倉煩費如有

過期者照依議單無糧事例參究若二府地方遇有災傷改折悉聽臨時撥派附近鳳陽等府糧米湊足前數以爲定額而鳳陽等府水次則當坐於泗州庶爲便益伏乞

聖裁

一議船料照得每年定派海運漕糧二十萬一千一百五十石以正耗六百石零用船一隻共船四百二十六隻外造裝把總運官共船十隻通共船四百三十六隻臣先行道府各官拘集匠作及有

海船之人從公估計每隻先除裝水并什物等件
約虛二百石外實止裝糧六百石合用木植等料
該銀三百七兩零臣恐多開隨委造船廠并料先
造樣船一隻據開用過料銀二百九十兩適臣移
駐揚州催儹糧運彼時親率漕務叅政潘允端海
防副使陳耀文及知府等官徐尚等詣船驗看咸
謂板植堅厚釘艌緊密規制頗整足駕三十年方
行改造臣思旗軍領駕則視爲官物終比民船不
同若限以三十年一造不無過久且海洋行使又

非老船可支風浪則海船當以十五年爲改造之限乃得適中臣查海運雖自淮安發行前船若於淮上打造木植入壩不便且清江衛河二廠自有應造年例船隻即常年買木召匠打造尚且不前合無酌派產木湖廣廠打造二百隻專委督糧道參議劉翾督理其餘二百三十六隻在於集木儀真地方設廠專委海防道副使陳耀文督理各該催工官員聽二道自行選委務如前式堅緻其有速壞者責在二道湖廣木植等料價比儀真稍賤

每隻量減銀四十兩實該銀二百五十兩共銀五萬兩儀真造者每隻仍給銀二百九十兩共銀六萬八千四百四十兩二項共銀一十一萬八千四百四十兩臣查前項海船每隻比河船多裝糧二百石是海船一隻抵河船一隻半共抵河船六百五十四隻合將各衛所額船數内查其漂流者照數免其造補即以各船料價打造海船計筭前船内清江廠造者該扣三百九十隻每隻料銀一百一十四兩五錢七分零共銀四萬四千六百八十

二兩三錢浙江廠造者該扣一百五十隻每隻料
銀九十二兩共銀一萬三千八百兩下江廠造者
該扣一百一十四隻每隻料銀九十三兩一錢二
分四釐共銀一萬六百一十六兩二錢以上通共
該銀六萬九千九十八兩五錢俱應於清江抽分
并浙江布政司及蘇州府歲額軍民料價觧用但
船末及號料價無徵先儘臣前題漕庫收貯河工
贓罰等銀借足三萬兩及借動清江廠寄庫抽分
年例正造大料銀三萬九千九十八兩五錢奏用

備行浙江等司府各候前船及號改造之期扣觧
料價補還尚有不敷銀四萬九千三百四十一兩
五錢臣又查今歲浙江改折糧一十二萬六千石
該扣減存軍行糧月糧抵料賞鈔共銀一萬六千
二百四十七兩八錢八分湖廣改折糧一十萬六
千一百三十二石六斗五升該扣本省減存軍月
糧抵料銀三千六百兩幷前折內該扣應給各衛
旗軍行糧銀五千一百八十四兩共銀八千七百
八十四兩又河南布政司未觧班匠銀六千六百

九十九兩零俱係正額造船之數均應催解此外
仍少銀一萬七千六百一十兩六錢二分別無區
處必須暫爲借用方克完造乞
勅該部再加查議准將盧鳳巡按御史例觧贓罰銀
六千五百兩兩淮巡塩御史贓罰銀九千兩并臣
巡撫例觧贓罰銀二千兩及借備限府州縣贓罰
銀一百一十兩六錢二分湊足料價待候漕運積
有減存等銀補還起解仍乞轉行湖廣浙江河南
各巡撫都御史嚴督布政司掌印官勒限查將前

項行糧等銀刻期徵完湖廣銀兩就彼收貯聽臣找觧湊造海船二百隻浙江河南二省俱各觧淮發造緣此銀皆係扣定必用之數一面先將在庫不拘何項銀兩借觧以濟造船一面徑追前銀補還原項其湖廣分造船隻完日并辦桅蓬什物責差原造官員暫撥附近衛所減存運軍撐駕仍量給月糧以資食用及行沿途稍添人夫挽縴務限明年二月以裏到淮庶不誤運事完通將用過工料錢糧造冊

奏繳稽考再照今議打造海船前數雖開至十一萬之上但海船所用之料即河船免造之銀殊非新增額外之費其不足者又漕司折糧之內扣出支用而所借者不過一萬七千餘兩贓罰耳然臣又計之河船清江廠十年一造浙江下江二廠五年一造而今海船則十五年一造是又抵河船隻半多矣即今加費一萬七千餘兩而所省又該銀二萬一千餘兩　國家開一百六十年久廢之海運而簡省若此誠輸運之便途也伏乞

聖裁

一議官軍照得海運糧船四百三十六隻合坐派衛分定撥旗軍領駕查得原有遮洋總下淮大等六衛及通州鹽城二所浙江寧波紹興台州温州直隸太倉鎮海六衛俱係邊海地方其人習知海事相應摘撥分領前船定撥淮安衛三十隻大河衛五十隻高郵衛三十隻揚州衛五十二隻長淮衛三十隻泗州衛三十隻鹽城所一十八隻通州所二十隻寧波衛三十隻台州衛二十隻温州衛

二十隻紹興衛三十隻太倉衛三十八隻鎮海衛三十八隻俱做照遮洋舊規海船用軍十二名然猶恐各軍雖是生長海濵但淮安迤北直抵天津一帶原非素所經涉況駕使海船惟攔頭一人執柁二人最爲要緊又必須久慣行海者方能不攝合無止令各衛所每船撥軍九名就將每船餘下軍人三名應支行糧月糧銀兩盡数扣解每歲漕司柁淮上及海州等處雇水手八百七十二名山東雇島人四百三十六名分配每船二人執柁一

人攔頭便於趨避以取足十二名之數待後各軍
習熟海道漸次減雇仍將原軍撥補及照臣於今
歲募船三百隻已分為六小總以平定寧靜安全
為號派令原運山東各官分攝以行今既實運自
應照遮洋事體設把總一員以便統束請乞
勑下兵部再加查議將山東原運　題過有名各官
如千戶韓禮鎮撫魯礦百戶孟得賢等五員內推
一員量陞都指揮體統准充海運把總仍鑄給關
防一顆以便行事其領幫官俱委山東原運各官

率領島人赴淮給與行糧起運中或有缺聽臣於
屬下沿海衛所選補以上把總運官待有成效俱
照戶部原題事理陞擢各該衛所止委指揮千百
戶押軍至淮交割免其入海自願者聽至於各船
軍士內有怯弱不慣行海者許以原支行月糧添
湊自行雇募熟識海道的實之人代替回貨之利
替者得之惟求海道得人各押軍官審無錯誤聽
從其便行之既久習者益多且大約每歲二月盡
開兑三月半開洋四月盡到天津九月半可以完

歸悉如洪武二十七年事例休息日多人將爭赴
矣再照造船必有桅蓬什物在河船原係旗甲自
辦今海船新造必須官爲全備而所用銀兩六應
該處臣查前項海船四百三十六隻并抵河船六
百五十四隻共計額軍七千三百五十六名內除
撥出海運五千二百三十二名分派每船十二名
駕運外尚有餘下軍人二千一百二十四名內淮
安高郵長淮泗州四衛各一百八十名大河衛三
百名揚州衛三百一十二名通州所六十名鹽城

所五十四名俱每月糧銀二兩八錢八分行糧銀一兩一錢二分寧波紹興二衛各一百三十五名台州温州二衛各九十名太倉鎮海二衛各一百一十四名俱每名月糧銀四兩八錢行糧銀一兩五錢通共該銀一萬五十五兩四錢俱應每年扣支以充前費合無轉行浙江應天巡撫都御史督責各衛所掌印官預期造冊送赴有司關領差官觧淮聽給各船置辦桅蓬什物應用如或不敷臨時再行酌處補足今歲海船初造相應逐件全辦

以後年分止是稍加添置并每年修艌工料即以
前扣糧銀似爲足用若有餘積專備海船限滿復
造料費不得別項支銷伏乞
聖裁
一議防範查得海運既通米船來往商賈漸集則
他盜之防所宜預加料理除淮安迤東雲梯關地
係海船出口彼處原有額設備倭官軍五百餘名
係屬東海把總管轄往年春汛之期聽本官調度
操守并迤南各沿海地方臣於起運之日嚴行各

加意防範外惟自出淮安海口經行山東北直隸一帶地方海洋遼闊已經臣移文山東天津巡海司道等官責令各該備倭守禦等衙門申嚴防護沠土島之船指引開行其在船應用軍器漕司仍動支漕銀置辦軍器每船斬馬刀四把火藥二十斤手銃四把弓二張箭二把長鎗四根給領隨船防備運回交庫再照山東沿海係糧船歷行之途至於天津迤東係海船入口之地交卸糧米督發剝船催儹回南俱係櫛比犬牙之地防備盜賊尤

須加意統容臣備咨行山東撫按悉心議處可徑
行者徑自施行應奏
請者徑自奏
請務在兵防振飭旁伺潛消以不誤大計伏乞
聖裁
一議起剥查得海運糧船若進天津海口則恐底
尖膠淺除水大徑行外若水偶淺澁已經移文戶
部酌定俱用剥船起剥自天津至石土二壩每糧
百石給與水腳銀二兩九錢就扵本幫輕齎銀兩

動用乞
勅該部轉行天津管倉河西務鈔關各主事遵照自
今爲始每年凡遇海運糧米船到天津海口各該
領運官具呈管倉主事移文查取河西務剝船照
前議定水脚剝運糧米前赴石土二壩交卸轉搬
進倉上納其各船隨糧輕齎銀兩聽臣酌量分別
差官由陸起解係給剝船水脚者交與天津管倉
主事係完糧應用者交與通州坐糧員外各就彼
支用若有餘剩給散海運官軍以資回南伏乞

聖裁

一議回貨查得海運旗軍柁工水手冒險轉輸比之裏河常運不同然常運每船許帶土宜四十擔今海船赴納難容帶載若已卸糧回南似無妨礙乞

勅該部再加查議合無每船許帶貨物八十擔聽使貿易回淮以示優恤仍聽天津管倉主事每船給與裝帶貨物數目照票一張免其納稅但不許夾帶私鹽及醃臘鹹物并違禁硝黃鐵器如違定行

從重治罪伏乞

聖裁

一崇祀典照得海運肇行舟泛大海所畏者惟蛟龍風濤爾考之五行蛟乙木也而寄在辰風巽木也而寄在巳二者性皆畏金此五行相剋厭勝之術如先臣劉基輩未嘗不講也况是類是禡文著於詩夫舉大事動大衆而又安可無神道設教以壯人心臣謹於海口建立海神廟以鐵鑄而以雞釁募每歲船將發則禱之仍每船奉一小像以行緣

前廟既建看守必須專人發運必有祭祀乞
勑該部查議合無行臣每年令山陽縣於里甲定編
經費銀三兩買辦豬羊祭品每歲開船漕司親行
致祭仍行該縣於均徭內編僉門子一名常川看
守以防傾圮伏乞
聖裁

成法覆議

戶部爲議復成法事該本部題雲南清吏司案呈
奉本部送戶科抄出總督漕運兼提督軍務巡撫

鳳陽等處地方都察院右副都御史王宗沐　題
前事又該提督漕運鎮守淮安地方總兵官保定
侯梁維藩　題同前事俱奉
聖旨該部知道欽此欽遵通抄到部送司案查先該
戶科都給事中宋良佐　題前事已經本部覆奉
欽依通行去後今該前因案呈到部看得漕運都御
史等官王宗沐等條陳定運米七事內除議船料
一節中間事干工部另行會同議覆外其餘事件
俱應本部查覆合開立前件議擬上

請定奪等因隆慶六年三月二十一日戶部尚書張
守直等具　題二十三日奉
聖旨依議行
計開　一定運米前件臣等看得都御史王宗沐
等　題稱海運漕糧除隆慶七年已有截留鈌船
糧米二十二萬六千五百八十石有零聽備支運
外其隆慶八年以後要將淮安揚州二府歲運兊
改正糧二十萬一千一百五十石作為定額運赴
各州縣近便河下限二月終旬聽管倉主事督與

官軍對船交兌違限參究若二府遇有災傷臨時撥派鳳陽等府湊足額數一節爲照海運糧米原議先爲少運以後漸次加添今漕司欲將淮揚二府原運之數作爲歲額分定水次就令管倉主事監兌無非先事處分以便起運之意及查江北漕糧原係兩淮巡鹽御史兼理奏有專

勅其前項海運錢糧似應就便一體責成所有前因

通應題

請恭候

命下移咨漕運衙門除隆慶七年海運糧米已經題
留折運外以後年分如果海運便利即自八年為
始每年額坐淮揚二府原運兌改米二十萬一千
一百五十石嚴行各該掌印管糧官依期徵收完
足督同糧里尅於隨糧水脚雇船裝載悉照原題
分定水次俱限二月終旬到齊聽候兼理漕務巡
塩御史督與官軍對船交兌開幇如有違限及米
色粗惡等弊悉照議單事例參究若遇二府災傷
萬不得已方臨時另議撥派湊足原額伏乞

聖裁

一議船料前件臣等會同工部左侍郎趙錦等看得都御史王宗沐等　題稱議造海船四百三十六隻酌派湖廣廠產木地方打造二百隻儀真集木地方設廠打造二百三十六隻共該料銀一十二萬八千四百四十兩算抵河船該扣清江浙江下江三廠料銀六萬九千九十八兩五錢不敷之數查將浙江湖廣本年折糧減存并河南班匠等銀三萬一千七百三十餘兩催解應用此外仍必

銀一萬七千六百一十兩六錢乞於撫按及巡鹽
衙門贓罰動支足數務期各造完足限明年二月
以裏到淮通將用過錢糧造冊　奏繳稽查一節
爲照涉海輸糧全賴船隻堅固先因海運創行倉
卒造船不及議令暫雇一年俟後另行打造但所
用工料必先設處完備方得臨期無誤今漕司議
將應用價銀除各廠扣下河船料價及災折減存
糧料班匠等銀外尚少銀一萬七千餘兩要將撫
按等衙門贓罰動支奏補及查贓罰銀兩原係題

准解部濟邊額數實難别項留用但打造海船事出
創始較之别項不同合無姑准借支以便急用其
應解彼處銀兩於内查數陸續扣留所有具題前
因相應題
請恭候
命下移咨總督漕運及湖廣浙江應天巡撫各都御
史專委糧儲道參議劉翔督責湖廣廠委官打造
海船二百隻每隻議定價銀二百五十兩及委海
防道副使陳耀文督責委官於儀真設廠打造海

船二百三十六隻每隻議定價銀二百九十兩先將漕庫河工贓罰及清江廠寄庫年例料銀共借六萬九千九十八兩五錢分發二廠支用候於各廠扣下船料及浙江等司府扣解軍民料價抵補其三萬一千七百三十兩八錢八分暫將在庫堪動銀內借支即將各衛減存及旗軍行月糧銀賞鈔并河南班匠銀兩如數補還不敷之數即照原議派定數目於撫按巡鹽等衙門贓罰銀內動支一萬七千六百一十六兩六錢奏用候於通州坐

糧廳查扣一分觧淮銀兩補償以前船隻各照發去式樣如法打造務要板木堅厚釘艌緊密照例將委官匠作姓名刻鑿船尾其在湖廣造完者無辦蓬桅什物暫撥附近衛所藏存運軍量給行糧責令原委官員限二月以裏到淮漕司即將二處新船查明印烙如有板薄釘稀侵費料價等弊從重問擬併將經管官員一體參究仍令經造員役領回不堪船隻另行造補自後各船俱以十五年改造一次永為定規事完將支用過工料價銀造

冊奏繳青冊送戶工二部查考再照海運事宜打
造船隻關係最重其所用價銀委宜先期定議但
運務見在經理北來若果有成效可為經久至計
即照所議施行倘事勢未見萬全亦宜斟酌務使
前項船隻不致妄費伏乞
聖裁
一議官軍前件臣等看得都御史等官王宗沐等
題稱海運糧船四百三十六隻均撥淮大台溫等
一十四衛每船照遮洋舊例用軍十二名摘撥三

名扣解糧銀添雇水手等役即將原委試運千戶等官韓禮等准充海運把總仍給關防以便行事其領幫官員於山東原領各官并沿海衛所選補及稱海船蓬桅銀兩將筭抵河船餘下軍人扣解行月糧應用若有多餘專備復造料費各一節為照糧船海運經涉風濤其把總官軍必須沿海衛所取用而攔頭執舵等役亦須雇募慣習海道之人今欲照前已定糧船坐派淮大等衛旗軍領駕及扣取餘下糧銀雇覔水手人等并置辦蓬桅等

項又將試運官員克補把總議處已詳相應依擬

題

請恭候

命下移咨總督漕運及巡撫浙江應天各都御史自

隆慶七年爲始查將海運旗軍如淮安高郵長淮

泗州四衛每衛坐定五百四十名每年輪撥三百

六十名各駕海船三十隻大河衛坐定九百名每

年輪撥六百名領駕海船五十隻揚州衛坐定九

百三十六名每年輪撥六百二十四名領駕海船

五十二隻通州所坐定三百名每年輪撥二百四
十名領駕海船二十隻塩城所坐定二百七十名
每年輪撥二百一十六名領駕海船十八隻台州
温州二衛每衛坐定三百三十名每年各輪撥二
百四十名各駕海船二十隻寧波紹興二衛每衛
坐定四百九十五名每年各輪撥三百六十名駕
海船三十隻太倉鎮海二衛每衛坐定五百七十
名每年各輪撥四百五十六名駕海船三十八隻
以上各衛所每船旗軍十二名内摘撥二名支取

行月二糧觧貯淮上海州等處雇募水手島人分配各船執柁二名攔頭一名使知海道趋避其各船蓬桅什物就於各衛原坐海運餘下軍人各照南北地方折給行月糧則例各該巡撫督責各衛掌印官預期造冊送赴有司關領差官觧淮收貯聽給各衛買辦蓬桅等項如或不敷聽漕司臨時酌處自後年分照舊支觧專備修艌工料及添置什物等費如有餘剩存積漕庫俟復造船料支用其總運官員本部移咨兵部查將山東原運題過

有名如千戶韓禮鎮撫魯礦百戶孟得賢等五員
内推陞海運把總一員照例以都指揮體統行事
仍咨禮部鑄給關防一顆以便遵行至于領幫官
漕司查於山東原運各官及沿海衛所選用其海
運各衛止委千百戶一員管押旗軍赴淮交割即
許回衛伏乞
聖裁
一議防範前件臣等看得都御史等官王宗沐等
題稱糧船自出淮安海口經行山東北直隸一帶

地方已經行移巡海司道責令各該備倭守禦等
官申嚴防護仍令各船置辦刀鎗火藥等物及稱
一切防備盜賊要行山東撫按悉心議處以杜不
虞各一節爲照海運糧船出口入口凡所經由地
方必須加意隄防方爲有備所有漕司具題前因
相應依擬恭候
命下移咨漕運衙門嚴行山東天津各該巡海司道
凡遇糧船起運責令沿海備倭守禦等衙門申嚴
防護及坐定土島小船沿途占候指引開行仍移

文山東撫按查將糧船入口交卸起剝去處其一
切防備事宜務要悉心議處小則徑自施行大則
奏
聞區處漕司動支庫銀每船置辦應用兵器火藥等
項悉照原議數目給發候運回查明交庫以備下
年領用伏乞
聖裁
一議起剝前件臣等看得都御史等官王宗沐等
題稱海運糧船若進天津海口須用剝船轉運至

斛每百石議給水脚銀二兩九錢其輕齎銀兩先
期差官由陸路起觧交送天津及通倉坐糧廳各
委官收候起剥完糧應用一節爲照隨糧輕齎專
備盤剥交糧等費今議彼處差官由陸路起觧聽
候各項支用委應依擬題
請恭候
命下劄付天津管倉主事凡遇海船至天津海口官
旗具呈到倉即移文河西務鈔關主事查取剥船
照依原定脚價給發船戶轉運糧米前赴石土二

覇原運官旗照常進倉交納其各該輕齎銀兩漕
司於海運兑完之日差官由陸起解酌量撥船脚
價若干交與天津主事收支其餘盡起送通倉坐
糧廳收貯儘給完糧之外照例扣出一分餘散官
軍以資回南伏乞
聖裁
一議回貨前件臣等看得都御史王宗沐等　題
稱海運旗軍冒險轉輸比之裏河常運不同議於
完糧回淮之日每船許帶貨物八十擔以示優恤

仍令天津主事給票免稅不許夾帶私塩違禁等物各一節爲照議單事例裏河糧船許帶土宜四十擔今海運勞苦似宜倍加優恤所議回空船隻許令帶貨八十擔委爲不費之惠相應依擬恭候

命下劄付天津管倉主事於海運回南之日許各軍旗收買土物每船八十擔取具貨物數目給票一張免其納稅如有夾帶私塩及硝黄鐵器諸凡違禁等物即行從重治罪原物入官不得寬縱伏乞

聖裁

一崇祀典前件臣等看得都御史等官王宗沐等題稱糧船泛海每畏蛟龍風濤議於海口建立海神廟宇行令山陽縣每年買辦祭品致祭開行及行該縣編僉門子常川看守一節爲照山川海瀆之神每歲崇祀亦　國典所不廢者今海運既行議於海口立廟祭禱無非祈保糧運之意相應依擬恭候

命下移咨漕運衙門查於海口空閑地方建立廟宇一所鑄一海神每年開船之日行令山陽縣動支

里甲銀三兩買辦猪羊祭品漕司督率把總官旗親行祭禱仍令各船奉一小像隨行其在廟看守人役該縣於均徭内編僉廟户一名應用毋令償圮伏乞

聖裁

飛報海運

山東等處提刑按察司巡察海道兼管屯田分巡登州副使郭文和報稱先奉

欽差總督漕撫軍門劄付内開糧船分爲陸總以平

定寧静安全爲號坐委運官於本年三月十八日
自淮安開行挨次進發本道隨將沿海灣避標記
并防護指引各項事宜預備停當行據三營提調
把總指揮等官朱衣等分布九程委官千户等官
宗器等各節次報稱平字號船五十四隻運官魯
礦等於四月初八日寅時到即墨縣田横島初十
日丑時開船寅時過太嵩衛辰時過寧海州草頭
嘴巳時過海陽所官家島至晚到威海衛劉公島
定字號船五十五隻運官汪士弘等於四月初九

日未時到田橫島甯字號船五十六隻運官陳相等於四月十四日申時到田橫島十七日酉時定字號船到福山縣東崆峒島十八日酉時全字號船六十三隻運官孟得賢等到田橫島十九日到青島本日未時平字號船到登州城下黑山島二十日午時定字號船到登州城下沙門島二十一日申時甯字號船到登州城下教場頭灣泊以上三號俱蒙撫按兩院親臨閱視犒賞訖本日酉時靖字號船五十八隻運官韓禮等到田橫島二十

四日酉時平字號船到掖縣芙蓉島定字寧字兩號俱到掖縣三山島灣宿次日風順開船去訖二十六日未時全字號船到登州新河海口徑過領賞訖獨安字第五號船因在海州贛榆兊糧來遲以上先到平定寧字三號已防護出本道原分地方俱係萬全並無疎虞計程已到天津全字號已過掖縣靜字號將過成山白峯險處其安字號在後不旬日亦可望到程途無阻糧運萬全除候差人查明糧船俱到天津另再飛報外今將船過日

期理合禀報

優勵臣工

户科署科事左給事中張博等　題爲海運告通

懇乞

聖明優勵有事諸臣并申飭應行事宜以鼓人心以

裨　國計事臣等本以一介草茅謬蒙簡拔待罪

户垣凡上裨　國計下協輿情苟有見聞不敢隱

默本月初六日據漕運王都御史揭報海運平字

號船已於本月初三日進抵天津至二十三日又

開得天津管倉師主事呈報本年五月初四等日
節據海運平定寧三號總運程相等呈稱領駕海
船一百六十六隻共裝正米六萬石俱到天津起
米交納餘船陸續將到等因到部及查先該戶科
都給事中宋良佐　題要復遮洋總兼通海運續
該山東巡撫都御史梁夢龍　題稱親歷沿海地
方自淮安至膠州一帶勘視海道設處船米差官
試行天津上納臣等切惟天下無不可爲之事而
事每難於成者何哉以任之難其人耳亦未嘗無

任事之人而人每不多見者何哉在勵之無其道耳我　國家肇建燕都歲輸江南之粟四百萬石由會通河而運以培天下之命脉垂二百年安享之利非一日矣頃者河患迭出運道阻艱中外汹汹莫知所措膠河夾溝之議徒紛紛焉未聞以海運勑之者也首自科臣疏請而撫臣親試行焉當此之時重民命者横波濤之慮懼鯨鯢者釐招寇之尤衆言淆亂群疑塞胷未有決以爲可行而行之亦未必若今之全趨于利也幸我

皇上斡旋氣運洞灼事機獨主其議于上而孜孜斡
國知無不為輔臣贊成于下俾二百年來已試之
利一旦議復永為河漕萬年羽翼覩洛思功端有
任矣稽之先臣丘濬有曰自古運道有三曰陸曰
河曰海陸運以車水運以舟而皆資乎人力所運
有多寡所費有煩省河漕視陸運什省三四海運
視陸運什省七八蓋河漕雖免陸行而人挽如故
海運雖有漂溺之患而省牽挽之勞今據先後報
聞該運六總前幫已至天津後幫次第隨詣是昔

之所患者去今之所省者倍救時急務所謂全利而寡害者非此耶稽之漕单開載賞格雖微必録矧有臣若此而可以拘攣之格敺之乎且人心初事之時正群情觀望之日在今尤不可不加之意者伏望

皇上懲往事之惟艱念　國計之攸賴將建議經行先今内外諸臣舉有勞績者分别優敘而都御史梁夢龍力先任重才克濟艱首事之功尤不可泯該部尚書及該司郎中主持果確查議精詳均當

首及以爲人臣任事之功再照海運之議近該漕

運衙門列欵題

請議覆遵依似無容贅然動惟時宜而後可垂利于

永久法宜加慎乃可以防患于未然遞歲增運以

漸通之是矣而勢既通行不妨多運十二萬石之

外果不可以倍加乎支銀造船以官給之是矣而

船係官物動有私弊視雇募之費不尤有可應乎

衛所巡司有營亂畧式遏矣而或因之以生亂其

可以不加察乎夷民下海有禁奸萌是杜矣倘禁

之而民不聊生可無通融之術乎一切應行事宜
中有未盡者再乞
勑下該部轉行各該衙門加意料理悉中機宜不徒
目前有濟實足以為千萬年可久之圖不徒漕務
允資實可以收制服倭夷之績如果積有勤勞優
渥之典不嫌至再一或遲悞
朝廷之上法紀昭然仍
勑山東撫按衙門每歲糧船出海按期巡歷近海緊
要地方住扎以便查督務俾萬全永為遵守則法

制益嚴人心益勸而我　國家千萬年之大計不
益有裨也哉本年五月二十八日具奏奉
聖旨戶部知道

運務條陳

巡按直隸監察御史李栻　題為運務更新條陳
未盡事宜以備會議以裨　國計事臣以一介庸
菲待罪倉河早夜思惟不遑寧處庶幾少效一得
之愚仰裨　國計于萬一幸遇
聖明在上運務更新河海效靈天人交應今歲之運

比之往歲頗早數月且鮮漂欠誠百年之僅見者
臣復何所庸贅但運務更新之始正人心轉移之
機若變通鼓舞之道或有未盡則法守未能畫一
速于今者安知不弛于後也即今會議在邇除選
軍造船嚴限等項事宜已該漕臣具題臣不敢泛
及謹就臣職事所切得于見聞之真者條具以聞
惟
聖明採擇焉切為運務之修舉莫先于領運之得人
是故運官不可以不重也往年衛所官員率畏漕

運頻沓苟圖鄉梓安逸或託病而營別差或夤緣
而求掌印或稱捕盜而徼微功或假差占而妄沽
虛譽奔走獲上覬幸薦陞而其不職闒佳者乃始
賄囑當事中名領運則其在運亦何所不至哉近
歲新例掌印官員更番運糧稍可以革此弊矣然
掌印者未必皆得人而領運者未必更番也臣切
以爲莫若特重運官之選通行更番之制使南京
兵部各省撫按官加意取擇非賢能精壯者不得
更番領運臣衙門據實保薦非如期早者不得濫

行薦舉兵部定爲格例自軍功之外非領運有功者不得泛行陞擢使天下武弁曉然知軍功之外非此無以出身而一切虛名無實者即令薦揚不得以冒陞擢則武弁之賢能者皆趨于此途不但可以整飭運務尤可以搜羅將才此運官之當議者一也夫運期不早則雖運官得人無益也況未必皆得人乎往年各省開兌例在二三月開幫例在四五月甚有至六月者議單之限視爲虛文年復一年不可復整馴至舊歲加以河患而其弊極

矣今歲仰賴
朝廷加意振飭當事諸臣殫力經營各幇糧運皆先期過淮過洪幸無漂沒到灣起納復多餘剩蓋尾幇入閘方三日而河水發矣可見運期之早不但可以速糧運又可以免河患而官旗亦得以食贏餘之利免賠累之苦不然運册方至而河水正發欲無漂流凍阻得乎况有漂流凍阻欲無起欠得乎臣切以為宜申飭議單通行各省每年監兌官定以八月到地方十月開倉十一月兌運完十二

月開封帮完二月過淮完三月過洪入閘完各省糧儲道官皆押至徐州洪而迈永為定例敢有違悮違期者聽各該撫按監兊官查參其糧儲道官亦聽漕司與臣衙門查參此限一定守之不易使每歲漕舟及河水未發而過淮入閘河水未凍而駕空回南即河道或有變遷而糧運終無損失此運期之當議者二也夫運期既早則開幇必速然使行之不得其宜能保其中途不濡滞乎查得議单舊例運船定以挨幇而進壓幇脫幇者有罰夫使

果皆挨幫速進豈不盡善但人力之强弱不齊船隻之完敝不一而風水之遭值亦異豈不能一一挨幫者亦勢也若使拘而挨幫而不知通變則將以一船而滯衆船以一幫而壓衆幫欲其爭先速進不可得矣近奉

欽依雖有越幫之例然議單開載未明漕司猶復拘守不知挨幫之例可守于閘河而越幫之例須行于黄河盖閘河而非挨幫則無以聯屬而取齊黄河而非越幫則無以前進而取速此固當並行而

不悖者也今歲儹運御史張憲翔以此斷然行之船無漂流而且得速達是其明驗向使拘于挨幫則未及入閘而河水已發全運其可保乎臣切以爲宜申明此例載在議單使後幫者兢相鼓舞而爭先前幫者惟恐怠緩而落後其于速運實爲至要此運幫之當議者三也夫運幫速達領運者方以此爲功若非有以一體悉之何以爲速運者之勸查得京通二倉收受舊例漕糧五千石以上晒二天揚一天五千石以下晒二天即與揚收夫糧

到有遲早而日則有長短若是七八月到者依別晒揚人亦何詞惟五六月到者而一例行之不惟氷日烈曝倍于秋冬亦且盡日耙拋多所耗撒非徒無以為先至者之勸而且有以沮速運者之心也往年運務廢弛雖由開兑之遲而避夏日之氷烈以就秋冬之短晷亦人情之所必然者刻遲到漂流不核虛實例免晒揚淅失而早至者獨受晒揚尖耗之苦是後至者反享其利而先至者反受其害矣人亦何為而不避早以就遲乎臣切以為

宜酌定則例載在議單五月以裏運到漕糧五千石以上者晒一天揚一天五千石以下者晒一天即與揚收七月十五日以後到者照依舊例晒揚尖則不許淋滴平則止許刮鐵庶立法公平而糧無虧耗遲早有辨而默寓勸懲此收受之當議者四也夫糧運完納曬揚固須有等然不嚴責奸旗安能盡免掛欠蓋水次官糧皆係旗軍領兌運官不過總攝到灣若使旗軍無沿途偷盜之弊則官糧自有贏餘安能有欠惟是運官什物使用不免

三百五十一

派取于軍姦旗利其派取因以科歛于衆安所出
哉惟有糧而已官既指公糜費軍盗恣行侵盜官
之所利者一軍之所盗者十及至到灣起納奸旗
自度短少輙先棄運逃回運官無所于逃只得代
爲交割所有起欠掛欠悉累運官補賠雖行扣補
拘提曾何一人觧到今歲沿途防催頗嚴旗軍未
得肆盜各幇漕糧不但起納無欠而且剩餘頗多
其有舊欠者臣悉行令扣補其無舊欠者餘米悉
歸旗軍是有欠則運官獨受其害而有餘則旗軍

獨享其利又有運官畏姦旗挾私告害而不敢嚴加防制者焉欲糧運之無掛欠得乎臣切以爲申嚴近行事例載在議单但有掛欠即將旗甲一同參送問理如有私逃即行彼處衙門嚴提解問其挾告無實者定行重加究治庶旗甲知有餘則已享其利而又欠與官同其害不復敢恣行侵盗而獨累運官矣此掛欠之當議者五也夫官旗同責固可以杜侵欠之弊然功罪不覈亦何以示鼓舞之權者查得江南北浙東西漕糧開兑皆臺臣監之

運官船到水次稍遲例當參論蓋苟不震之於始以爲後至之懲將何以邀之於終以要早完之效此法之所當然者也然亦有所當酌議者蓋使水次而到遲而到灣又遲其罪固不容逭矣使水次到遲而起納復欠其罪尤不容逭矣其間或有水次雖遲而完納頗早者如邳州衛指揮王尉以水次到遲而被參罰罪宜矣然能奮勵爭先其糧以四月十一日到灣五月初七日報完勤勞似不可泯一例仍復罪罰何以爲速運者之勸臣切以爲

起運糴遲無非欲其運之速耳既能速運功過既須相準自今以後糴本到部似應姑且停覆俟其到灣起納之日然後稽其遲早覈其完欠分別類覆以示勸懲庶領兌者有所儆皆先到水次而不敢後速運者有所勸皆爭先赴納而不容緩矣此功罪之當議者六也至若海運臣復有三議焉曰非優叙其功無以爲任事之勸曰非酌定其數無以適通變之宜曰非更制其舟無以盡轉運之利何也蓋海運之廢其來已久節經名臣建議欲講

求修復竟莫有能行之者近賴
聖明英斷廟堂主持采廷臣之議而試行之而當事
之臣悉心經理以能有成功蓋涉數千里無涯之
海以興百餘年久廢之利其爲心意甚苦爲力亦
孔艱矣近該科臣題稱欲優叙建首事及經行內
外諸臣是也然今歲任事如總督漕運都御史王
宗沐管漕參政潘允端始終經理殫竭忠猷懋著
勞績其功尤當優録而領運把總韓禮運官曾磻
孟得賢莊重楊萬春等往返海道屢經試行速完

糧運其功亦爲難能盖創行之與習行難易既殊
海道之與河道夷險迥異且河運官歲有更番而
海運官急難代替苟非破格優叙何以久任責成
臣切以爲宜
勅下該部查議優叙庶任事者有所勸而益勵涉險
者慰所願而不辭矣故曰非優叙其功無以爲任
事之勸但海運之行所以備河道之不虞也若使
河運無虞何事于海夫河之變患無常而運之通
塞難料則海運者固河運之間道也往歲習于河

運而不思海運固非慮遠之良圖若海運之通而遂定以歲加至二十四萬石則又非易簡變通之長策矣蓋使河運通則雖海運十二萬石已爲多使河運有阻則雖海運二十四萬石猶爲少臣切以爲河道有阻在于夏月而其無變可定于秋冬每歲總漕之臣須先時相機量度若河道有阻不但加運二十四萬即再倍其數亦無不可若河道無阻額運止二十萬更不必加但使可以習熟海運道此一道以備不虞而已固無事厭常而喜新

舍易而求難加多負險以重勞費也若曰海運或遇加增一時恐難卒辦則每歲開洋之期例在三月而江北開兑之期例在仲冬中間數月足可料理何患不集乃坐棄河運妄多爲無益之備即雖糧運難保無失勞費視河已倍況未必能盡保乎故曰非酌定其數無以適通變之宜然使船制不更則河海難以通用卒遇海運加增其將何以爲備訪得今歲海運皆雇募濱海地方捕魚船及沙船其制尖首闊腹深艙高舷上無棚樓平安鎮板

與南方河船大畧相似惟其尖首闊腹而上無棚樓可以破浪而不鼓風惟其高舷深艙而平安鎮板可以重載而不近水且撑駕無有隔碍而帆檣便于轉旋河海俱爲便利故民船制多用之今之淺船乃異于是近經御史唐鍊建議欲將淺船更爲此制後起官蓬中安瑣板非但撑駕便利又可重載無虞且私貨不能私藏工費亦爲簡省然唐鍊之建議爲河運而言也今海運既須造船而此制又可通用柰何不亟行之乎臣已詢之河海運

官此制的為通便合無行令漕司斟酌此制照依年例改造運船務使河海可以通行風水可以無虞不出數年之間船制悉皆更定不但海運有資而于河運尤便故曰非更制其舟無以盡轉運之利若夫經制可久之宜防禦未然之策則在當事者熟慮而詳計之非臣之所能臆料而懸斷也臣才識迂踈愧無足以裨 國計然職事所在偶有所見不敢不竭惓惓伏乞

勑下該部再加查覆如果臣言或有可采容之會議

酌定議單一新漕政以爲　國家河海並運無窮
之計本年七月二十日具奏奉
聖旨戶部看了來說
　運成優敘
雲南司案呈奉本部送戶科抄出巡按直隸監察
御史李栻　題前事等因奉
聖旨戶部看了來說欽此抄出到部送司查得題內
議運官運期等六事俟會議漕運之日呈堂另行
開款議覆外案查先該戶科都給事中宋良佐

題要議復遮洋以尋海運故道本部議覆備行山
東巡撫梁夢龍督同布政王宗沐副使潘允端等
分委踏勘差官試行海道堪以通行具　題前來
已經會同工部覆奉
欽依通行漕運衙門雇船雇夫從海轉運去後近據
京通等倉委官呈報海運糧米盡數完納訖今該
前因案呈到部看得御史李栻　題稱海運曠廢
已久節經各臣建議竟莫有行近賴
聖明英斷廟堂主持而當事之臣悉心經理以有成

功要將都御史王宗沐參政潘允端各加優録及
領運把總等官韓禮等破格優叙并稱以後糧數
量度河道通塞酌定多寡仍更擬船制務使河海
通用各一節爲照漕運乃軍國之需關係至重而
其轉運也當以河道爲經用通萬世之利以海道
爲權用濟一時之急但海道險阻苟非慣習于平
時則不能取便于一旦查得我　朝永樂初年專
恃海道後改漕河海運遂廢弘治年間輔臣丘濬
議將浙直漕糧仍由海運計慮深遠竟不行者憚

其難也近年河變不常漕務狼狽諸臣別議紛紛
徒勞踏勘竟亦罔功適值科臣宋良佐疏請仍尋
海道行移山東巡撫梁夢龍查勘本官遂督同司
道等官悉心咨訪備查得傍海潢道直抵天津畫
圖開欵本部題覆準賴
先帝聖明立斷於上輔臣贊襄於下特允所請備行
漕司酌量修舉今查六號船糧相繼抵灣上納完
足既免大洋風濤之險又不煩別議開鑿之勞較
諸先臣丘濬所議更事省功倍及查先該戶科左

給事中張傳題欲將有事諸臣梁夢龍等分別優
敘緣彼時海船尚未盡到案候在卷所有內外經
理諸臣委宜一體優敘而輔臣爲最盖鑒河漕之
失利遂咨詢以啓其謀知海運之可通則力主以
定其議曠事頊復大計攸資巡撫梁夢龍徧歷海
隅逐處指畫屢上封事效謀忠誠漕臣王宗沐衆
政潘允端既建議於勘議之日復經畫於轉運之
時計慮周詳設處停妥俱當各加優敘科臣宋良
佐因事納忠似當紀錄至於領運把總韓禮運官

魯礦等既涉險道復早完糧雖原題一年無欠分別賞賚但起事之初鼓舞之權或不可以例拘亦當破格優敘至於海運糧數船隻規制尤為緊要俱當詳議以俾經久可行所據本官具題前因相應題

請恭候

命下將梁夢龍王宗沐潘允端各加優敘宋良佐紀録其輔臣優崇之典出自

朝廷臣等未敢輕擬伏乞

聖明裁定至於把總韓禮運官魯礦孟得賢莊重楊
萬春等破格優叙若後恃功驕縱致生别情定行
從重究治本部仍移咨漕運衙門備查下年海運
糧米原留二十二萬餘石如河運可通應否量減
分數若少有阻塞應否再行加添務要細加酌議
其見造海船及補造河運船隻查將本年雇募民
船與御史唐鍊原題改造船式再加斟酌速行打
造至於海防未盡事宜逐一漸次修備立爲定規
以爲永賴之計通乞

聖裁奉
聖旨是梁夢龍王宗沐各陞俸一級賞銀三十兩紵絲二表裏潘允端陞一級賞銀十兩照舊管運糧儲韓禮并魯磺等各陞署職一級賞銀五兩

海道新考　卷下

刻海運新考後序

先是隆慶末禩徐邳之間河屢塞運道已所
出
國家仰東南粟歲不下幾百萬乃壅閼不得從
漕上盖中外洶洶焉當是時今
制府梁公為大中丞奉
璽書填山以東日夜圖畫思所以紓
宵旰慰元元者莫如覘復海運而會

上采給事御史奏下之部部覆議海運必從滕萊
二州故公所部地宜以其事屬公
制曰可公拜受
命顧念海險且鉅非臆測户牖可洞而燭也乃檄
諸藩臬大吏熟計之稽往牒覈舊聞參之輿
情酌以獨見業有成謀矣復以海險且鉅而
儲餉繫
國根本非更歷相度不可嘗試則下令胥靡徒

屬有能備餘皇載穀粟以濟者聽贖鍰是地之崇卑湍之緩急勢之深淺程之迂遹人益馴習則又昉永樂時平江矦督運遺蹟列守望監標識所為造舟募工申防飭紀者眎櫜加詳焉自建議及終事民艘官儲往来不翅三四高濤洪浸者履安流寔無不酬下罔懟困即

二祖

列聖寔式靈之乃公之心力則既殫矣底績疏聞
上優詔褒賚諸所陳請且畢見之行而無何運道
報復故公亦以遷秩去遂寢迄今淮南北數
通數塞日靡帑金勞都水使者卒未有定也
公謂漕渠信萬全百世利然徙遷不恒則未
然之圖海運似亦未可廢置爰以故所經畧
疏議奏記考說勒成一編用資探索始公有
事斯役不佞普叅司理東郡獲與聞之及開

督薊鎮而普出守中山盖先後為公屬吏中
間訏謨后畫有衆未之知而普獨知着竊顧
以是編付之剞劂俾經世者有所考鏡昔秦
伐匈奴天下飛輓芻粟起黄腄歷瑯琊負海
之郡轉輸北河雖未言泛海而黄腄為今縣
萊境徧海通運已肇其端元迨
國初海運大行即頃中輟而經濟大臣如丘文
莊公輩進進議習海道為漕河後繼覆議者

率牽泥故常無當肯窾求其窮源委于毫端
示圖經于指掌未有若公之具而晰者也茲
天子明聖
廟堂之上方恢弘遠畧賛乂安圖永賴斯非已試
之明驗可循之掌故哉詎惟一時千載而下
有是編在公之言與功均之乎不朽矣刻成
普謹綴數語末簡著公憂勞之大者如此云
萬曆六年孟冬之吉真定府知府錢普謹譔

海運新考後序

今

制府梁公海運新考成不佞下吏獲展而讀曰

有是哉公之憂深乎義哉

國家財賦仰給東南東南去神京萬里而遥董

董藉一船葦為轉輸以故會通稍失利水衡

大臣輒宵夜遑遑束手無完策矣聞之曰兵

無常形醫無拘方要害絕不得不徙砭劑窒

不得不通故夫持籌主計者寧可絀海運不
講求按海運創於勝國
國初丘文莊公嘗建議復之彼老成謀國盖亏
咽喉外別圖一咽喉濟大命匪好為譸張迂
濶駁國是也顧今筴士譚河漕既聚訟鮮
成議而語及海運又捲舌噤指以為無大奇
中曰洪波巨浸若汎漲也極望靡際難標識
也大都病噎廢食碁闉廢梟非筴士之概矣

試觀公所為考起淮南歷膠東直抵天津地勢道里井井若臚列且也元人泛大洋今傍海涯元人涉萬里今三千餘里而島人市賈習風濤躑躅待命者群若聚蟻則以是羽翼咽喉利當其九害未必當其一矣噫持籌主計者寧可絀海運不講哉方今

廟議廷斷併力疏徐邳諸河以故呂梁有通津直沽無滯航而大司農歲按籍榷左藏穀帛

充盈足贍軍國有司矣萬有一徐邳壅閼粟
不得如期上然鑿鑿有新考在可以按島嶼
計程達之
輦轂間辟之兵家左擊則右援右擊則左援辟
之醫家不攻腠理則血脉不攻血脉則胃腸
誠亦利便哉蓋昔劉晏運江淮而十五路粟
輻輳集輦轂下夫晏信心計臣藉第令江淮
阻淤不得通晏詎寧力辦耶噫公之憂深矣

今
國家所慮北則虜南則漕
公鎮鉞薊門威靈灼赫業已兩破虜屹然為遼
左保障乃茲考海運佐漕渠蓋漕渠通則士
飽馬騰武備軍容愈央央生氣色矣公間嘗
語不佞曰吾平生精力盡載此編余儒生未
諳大計然習公之說有概于中舊矣因僭為
之跋

萬曆七年春日直隸大名府推官顧爾行頓首謹書